Inhaltsverzeichnis

Kapitel (1) Spanien

Flamenco für Anfänger, oder **Buenos Dias** für einen schönen Projektor Abend.......

Hola, die Waldfee......

Als ich das letzte Mal in Spanien Urlaub machte, dachte ich natürlich, **Toledo (Großartig, Edo)** könnte ich mal wieder besuchen.

So verabredeten wir uns, wie früher mal wieder im Café **Barcelona** (BAR...CELONA).

Er kam mit der Paella (Paar Ela) Rosa, und Ignazio stellten sich vor, ...die Bar, und meinten **Buenas Tardes** (schöne kleine Kuchen). oder so.

Ich sah den goldfarbenen Ford **Granada** vor der Tür.

Rosa, und Ignazio erzählten mir, Sie hätten den Wagen gegen einen Seat **Toledo** getauscht.

Ich sprach Edo an, und fragte sag mal:" **Cadiz** (Kalt ist hier).

Er erzählte mir die Türen des Café **Barcelona** stünden den ganzen Tag offen.

Die Bauern würden hier Ein, und Ausgehen,
Compostela (Kompost, Teller, und anderes
Geschirr für die Polterabende vorbeibringen.

So rief ich unseren Ober für die Bestellung an den
Tisch, und wollte wissen, wie es Ihm so geht, Er
antwortete kurz mit einem **Mursia (muss ja).**

Edo fragte Ihn auch, ob es noch andere Lokale
gäbe in der Nähe.

Er empfahl uns die **Cordoba, (Cordo Bar) am
Bahnhof,
Intercity (in der City)**

Da fiel mir ein, dass die Gardinen aus dem Café **Cordoba** (Cordo Bar) vorher im Boxstall um die Ecke die **Alicante**, (Ali Kante) bekommen hatten.

Am Abend bemerkte ich leichte Halsschmerzen bei mir.

Dass waren bestimmt die offenen Türen des Café **Barcelona**, (Bar- Elona), so suchte ich mir eine Apotheke in der Nähe.

Der Apotheker empfahl mir für den Hals die **Valladolid,**

sie wären besonders angenehm.

Edo hatte keine Lust mehr mich zu begleiten und so fragte ich Ihn, **Gijón**? (Gehst schon)?

Ich hatte noch Zeit und so machte ich einen Abstecher in den Zoo.

Dort sah ich einen Pfleger im Bärengehege, ich rief ihm zu, kann ich den mal streicheln? er erwiderte direkt, das ist **Marbella, (Ma) (mein Bär)**

Ich suchte das weite da ich noch eine Verabredung mit dem Nikolaus aus Teneriffa hatte um 19.00 Uhr, dem **Santacruz.**

Das war eine schöne Begegnung mit Ihm und so wünschte ich noch ein **Fuerteventura.**

Kurz aus dem Auge habe ich **Santacruz**
noch kurz am Strand vorbeiflitzen gesehen.

Er wollte noch einmal **Real, Madrid** sehen, weil Er
in seinem Sack die Geschenke, also Fußbälle für
die Spieler hatte.

Kapitel (2) Italien

Asti Spumante trifft, Osso Buco beim Stracciatella

Nach meinem Spanien Urlaub hatte ich noch ein paar Tage Resturlaub.

So besuchte ich Italien.

Nach der Ankunft ging ich sofort zum Leihautoschalter am Bahnhof.

Ich fragte den Berater am Counter nach einem Auto. Er gab mir keinen Autoschlüssel also fragte ich Ihn, wo ich den Schlüssel finden würde, Er antwortete knapp, **Istrien** (Ist drin).

Ich Hotel angekommen freute ich mich auf mein Zimmer. Der Rezeptionist stellt sich vor,
mein Name ist **Ermo**. Sehr außergewöhnlich dachte ich.
Ich sperrte die Tür auf, und als erstes fiel mein Blick auf eine große Obstschale mit Trauben.

Ich rief sofort in der Reception an ob Sie noch anderes Obst außer Trauben hätten, vielleicht einen Apfel.?
Der Mann mit Namen **Ermo** entgegnete **Neapel,** (Ne Apfel) haben wir auch keinen.
Ohne Obst habe ich immer Mangel-erscheinungen.

Ich fühlte mich nicht so gut, also konsultierte ich einen Arzt.
Er untersuchte mich, und schüttelte mehrmals den Kopf, ohne etwas zu sagen.

Was habe ich denn fragte ich aufgeregt nach;" **Venedig**, (Vene Dick) war die Antwort des Arztes.

Ich wollte nur noch hier raus aus der Praxis.
Als ich schon fast an der Ausgangstür war, rief noch die Praxis Angestellte, **Turin**, (den Urin) müssten Sie schon noch abgeben.

In meinem Hotelzimmer wieder zurück, hatte ich Lust etwas Fernsehen zu schauen.

Ich nahm die Fernbedienung drückte auf Power, aber sofort kam die Meldung des hiesigen Senders, wir strahlen das Programm nur in Schwarz/Weiß aus.

Wieder rief ich kurz an der Reception bei Ermo an, und fragte:" habt Ihr kein **Palermo**, (PAL Ermo)?

Ich bat einen Techniker auf mein Zimmer.
Vielleicht ließ sich das noch einstellen.
Als es nach über 2 Stunden an der Zimmertür klopfte, rief ich Ihm durch die geschlossene Tür nur zu, **Genua**, (Geh nur) ich habe es selbst repariert.

Am nächsten Morgen ging ich runter zum Auto, dort bemerkte ich 2 Politessen, welche gerade mit Ihrem Zollstock den Abstand von meinem geparkten Auto zum Bordstein nachmessen wollten.

Ich dachte noch, die sind ja schlimmer als in Deutschland.

Auf einem Ihrer Namensschilder stand Ina, also rief ich Ihr zu:" **Messina**, (Mess Ina) Du wirst schon sehen.

Sie schrie mich an;" das ist **Mailand**, (Mein Land) und nicht Deins.

Mittlerweile waren schon mehrere Menschen auf der Straße.

Ein Mann kam auf mich zu.

Er stellte sich vor, mein Name ist **Cagliari,** (Carl Jari), und wenn Sie einen Zeugen brauchen, immer gerne.

Ich fuhr nach der Debatte um die richtige Stellweise meines Autos also wieder los.

Nach ein paar Metern hörte ich ein komisches Geräusch unter dem Auto.

Sofort fuhr ich in eine Autowerkstatt, um das checken zu lassen.

Anzaro ist ein langer Freund von Edo.
Der Mechaniker kam und legte sich unters Auto.

Ein Kollege kam noch dazu und meinte:"
Das ist der **Catanzaro,** (Kat Anzaro).

GE(H)-Dichte und Reime zum Zeitvertreib

+

Es war mal ein Mann aus Athen, der hatte 3 Frauen die Ihm stets vertrauten, mit Ouzo konnte Er Sie kaum sehen.

Im Zelt auf der Wiesn gibt's manchmal kein Maß, und kein Ziel, würde jeder nur trinken, sich dann übergeben es gäbe kein Krieg auf der Welt.

Ein Sänger aus Jemen, schrieb seine Lieder bei Nacht, Ihm fehlten die Themen, so ging Er wieder ganz bieder zum Texten vor acht.

Ein Augenarzt aus Mainz, sieht seine Kunden wie scheints, mit anderen Augen, es ist die Marille, die schlägt auf Pupille, und Iris wie keins.

<h1 style="text-align:center">Kapitel (3) USA</h1>

Mi/ Ami grüßt die Burger der Welt, Amerikas First.
Mal was anderes, ...

so, genug sich zusammengereimt, weiter geht's mit meinen Urlaubsgeschichten.

Auf der Liste meiner Lieblingsländer standen auch die Verunreinigten Saaten von Almeria.
Ich meinte die USA 😊
Keins von **Biden** (Beiden)?

Auf jeden Fall das weiß ich, ist die Mondlandung kein Fake.

Irgendein Arm-Strong war bestimmt schon

Auf dem Mond

 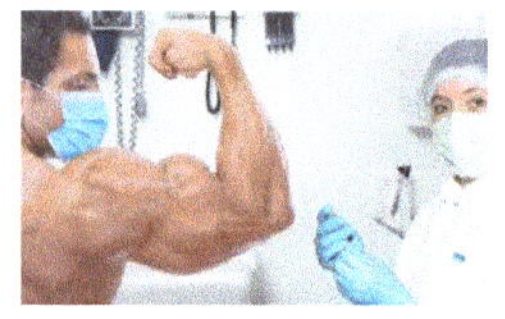

Ich möchte eine Lance (Lanze) brechen für
Armstrong, ehrlich.

Mein Flieger war noch in der Luft, wir sollten so in
30 Minuten landen.
Flughafen hatte ich mir vorher ausgesucht. Es
sollte etwas ganz Besonderes sein, wenn ich
Whitney wieder in **Houston** sehe.

Vor der Landung wollte ich noch meine **Colorado**
Fruchtgummimischung aufessen.

Endlich angekommen am Luft-Hafen (Husten)sollte ich auch meine Katze, am Schalter abholen.

Kaum dort angekommen sah ich ein Schild mit der Aufschrift **Connecticut**, (Connect ti Cat).
Ich fühle mich mit Ihr sehr verbunden.

Ich hatte mir ein schönes Hotel reserviert.

Dort angekommen, nahm ich meinen Schlüssel in Empfang und ging zu meinem **Room** (Rum).

Als erstes schau ich immer nach den Nasszellen, und der Toilette im Hotel.
Ich machte das Licht an, und bewunderte mein
**Baton
Rouge**

(Bad   in
Rot).

Nach ein paar Stunden hatte ich Lust etwas zu unternehmen, ich ging zur Rezeption.
Dort stand der Portier.
Ich fragte Ihn nach ein paar Sehenswürdigkeiten.
Er hatte mir das Landesmuseum empfohlen.
Dort würde ich die Gründerväter sehen,
Der **Winnipeg** (Winni Peg), der **Edmonton** (Ed Monton), und der **Calgary** (Carl Jari).

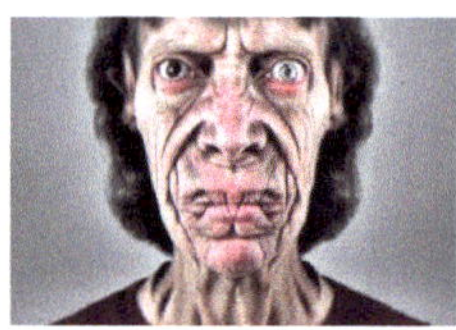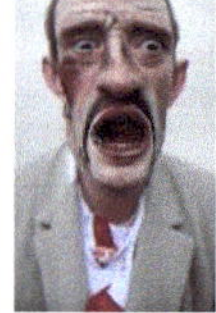

Ich fragte Ihn nach dem Weg, Er erklärte mir gehen Sie bitte immer nach **Austin** (Osten).
Bevor ich losging, sah ich auf einmal unsere Präsidentin der Europäischen Kommission.

Ich sprach Sie an und fragte Sie **Ursula** kann ich mir mal das Auto **von der,** (Dir) **Leyen,** (Leien).
Sie sagte mir leider nicht, denn ich bring gerade noch die **Anaheim,** (Anna Heim).

So ging ich weiter Richtung **Austin**, (Osten). Ich kam noch an **Pittsburgh**, (Pitts Burg) vorbei und wunderte mich, dass die **Ritter Sport** machten.

Meine neuen Schuhe drückten und so suchte ich ein **Reno /Schuhmarkt,** um mir bequemere Schuhe zu kaufen.

Schließlich war ich noch etwas unterwegs.

Die Amerikaner sind schon ein wenig verrückt.

Die haben sogar einen Weihnachtmann nur für Hunde, den **San Bernardino.**

 Den hatte ich auch bei der Saurier Ausstellung im Museum gesehen. Stammt eigentlich aus der Schweiz der (Berner Dino).

Ich suchte mir eine Bar hatte Durst.

Der **Barkeeper** sagte mir Er hätte noch einen Ausgezeichneten **Amarillo**.

Bar   **Kipper**

Nach so viel Alkohol dachte ich mir vielleicht könnte ich in der Bar eine Frau **Dayton,** (Daten).
Ich konzentrierte mich wieder auf den Sinn meines Besuches in der Bar.

Ich wollte Essen und Trinken. Der Barkeeper empfahl mir ein Burger mit **Philadelphia,** wollen Sie den Burger aus der Hand essen fragte Er?
Ja bitte aus der Hand, denn **Tallahassee,** (Teller hass i). (Bayerischer Dialekt).
Ich stoße immer wieder auf englische Wörter mit Doppelfunktion.

<u>Hier einige Beispiele:"</u>

Chair= Stuhl /oder in Deutsch Schere/ die

Scheer

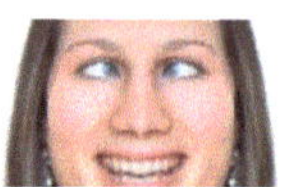

Child= Kind/ oder **schielt**

24

Defence= Verteidigung/oder **die Fans**

Fear=Angst /oder einfach nur **4**

Fire= Feuer / oder **Feier**

Meat=Fleisch /oder **Miet**

Aufkleber ohne Hintergrund

So jetzt reichts aber ....
Oder noch einen!

Rock= Fels /oder **Rock**

Kapitel (4) Frankreich

Vive la France, und comment ca va oder wie ich mir einen Baguette-Boden verlege…

Auf meiner nächsten Reise nach Frankreich, nahm ich mir vor, mehr von Land und Leute, und auch Gewohnheiten zu erfahren.

So begab ich mich angekommen in ein schwedisches Möbelhaus in Paris (Macht ja auch Sinn), ne brauchte was für zuhause 😊.
Ich betrat das Möbelhaus ging zur Regalabteilung, schon kam ein Berater um die Ecke der mich sofort fragte:"

Kann ich Ihnen helfen? Ich schaute Ihn an, und sagte:" Ich hätte gerne das **Bordeaux (Board da/do**, Bayerisch je nach Tonfall).

Leider haben wir das nicht mehr auf Lager entgegnete Er.

Ich erblickte nebendran auch ein schönes Stück. Gefällt es Ihnen fragte der Berater, ja antwortete ich, **Dijon**. (**die schon**).

Es kommt mir so vor, als ob das Möbelstück für ein **Paris**, (**Paar ist**).

Heute sind nur 2 Kassen auf sagte der Verkäufer, also **Rennes** schnell, (**rennen Sie)** schnell zum Bezahlen.

Die Dame an der Kasse war sehr freundlich, ich sah in der Auslage der Kassenzone Schokolade liegen, also fragte ich:"
Sie was kostet denn die Schokolade? sie antwortete **Nîmes, (Nimm es**) Dir einfach.

Cannes, (**Kann es**) sonst noch etwas für Sie sein?

Ich hatte Ihr meinen Rücken zugedreht, und als Sie mich so von hinten **Antibes**, (**Antippt**)sagte ich nein ich bin jetzt fertig.

Später wollte ich noch in die Stadt, um meinen alten Freund **Pascal**, (**Maßeinheit**)zu treffen.

Er hat immer so viel Druck auf der Arbeit. Mehrmals hatte Er mir schon abgesagt, aber ich **Versailles**, (**Verzeih**) Ihm.

Eigentlich ist Er aus Mainz, dort begrüßt man sich ja immer mit einem **Arles**, (**Aleh**) Hopp.

Er lud mich ein zu sich nach Hause.
Neben Ihm wohnten die **Le Mans**, (Lehmanns)

Eine sehr nette Familie.
Wir tranken ein Glas **Clermont Ferrand** zusammen.

Nach dem Sekt war ich ein wenig müde

,

Ich sagte zu Jaques, ich muss jetzt mal ein wenig
Rouen, (**Ruhen**).

Am nächsten Tag wollte ich zu
einem Herrenausstatter in der Stadt.
Ich hielt nach einem Geschäft Ausschau.
Ich entdeckte eines am Ende der Straße.

Als ich den Laden betrat, schaute ich mich zuerst
im Geschäft um.
Ich sah dort einen Anzug, der mir gefiel. Der
Verkäufer fragte mich:" möchten Sie Ihn mal
anprobieren?
Er hatte so etwas Englisches an sich.

Denn als ich aus der Anprobe kam, erwiderte Er
nur kurz:" **Toulon**, (**Too Long**).
Doch ich dachte nur, der Anzug **Brest**, (**presst**)
mir die Luft zusammen.

Wir kamen leider nicht zusammen, und so zog ich
unverrichteter Dinge wieder von Dannen.

Jaques rief mich an, ob wir zusammen zum
Eifelturm gehen wollten.
Ich sagte Ihm **Marseille**, (**mal sehen**).

Jaques hatte einen Sohn, welcher bei seiner Mutter wohnte.

Lyon, (**Lion**) ist ein feiner Kerl, gleicht seinem Vater bis aufs Haar.

Mir fiel auf, dass ich noch nie ein französisches Auto gefahren hatte, bisher.

Ich hatte nur vor 3 Jahren mal ein **Grenoble**, (**Grünen Opel**).

Ich benötigte noch etwas aus dem Baumarkt.

Dort angekommen merkte ich schon, dass es immer schwierig ist, hier einen Verkäufer zu finden.

Immer alle auf der Flucht vorm Kunden.

Urplötzlich kam ein Verkäufer aus dem Gang auf mich zu, ich hatte schon eine Kehrgarnitur aus dem Regal genommen.

Er nahm mir die Sachen aus der Hand, darauf fragte ich Ihn:" jetzt zeig mir mal was der **Besançon**, (**Besen kann**).

Somit war auch hier der Besuch zu Ende.

Ich freute mich mal wieder in Paris gewesen zu
sein. (irgendwann mehr).

32

Kapitel (5) England

The Lord of Cord, oder wie man einen Holzwurm aus seinem Cord-Anzug entfernt...

 + 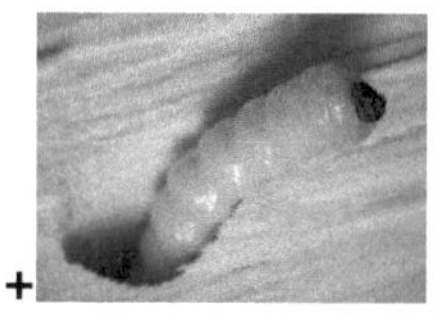

Zurück aus Frankreich, und wieder am Arbeiten, plante ich meine nächste Reise.

Es sollte wieder ein Kurztrip werden, ins verunreinigte Königreich.

Als ich am Flughafen ankam, beförderte gerade ein Kofferträger aus der Halle einen **Oxford**, (**Ochs fort**) nach Draußen.

Normalerweise sind die immer auf der Wiese zum Grasen.

Ich rief dem Kofferträger zu **York, (Jörg)** kommst Du wieder rein?
Ja rief Er, ich spiele ja sonst immer aushilfsweise in der Ankunftshalle Piano.

Kaum hatte Er es gesagt, schon **Chester, (Jazzt Er)**, was das Zeug hält.

Ich suchte die Toilette am Flughafen.
Auf der Herren Toilette saß ein junger Mann.

Ich sah auf sein Namensschild.
Darauf stand:"
Gloucester, (Klo Chester).
Den Namen zum Beruf machen, find ich gut.

England ist für Häfen und Schiffe bekannt.

In dem Schifffahrtsmuseum angekommen, wollte ich mir die ganze Pracht der Marine anschauen.
Es gab auch einige Piratenschiffe.

Am Ruder auf einem der gekaperten Piratenschiffe Stand oben am Ruder der berüchtigte Pirat **Canterbury** (Kentern Barry)

Lustig war, dass vor dem Schiff eine Beschreibung angebracht war mit einer Bedientafel mit Tastatur.

Dort waren auch noch Schalter, und Knöpfe, um die Figuren auf dem Schiff zu bedienen/animieren.

Ich drückte also die **Enter**, Taste an der Tastatur.
Schon

Schon wurde der Piratenkapitän zum Leben erweckt, und Er sang was das Zeug hält.
Wieder zurück am Ausgang verabschiedete sich unser Übersetzer der **Lancaster** Burt.

Jetzt hatte ich Lust aufs Land zu fahren.
England hat landschaftlich viel zu bieten.

Also runter mit dem Fenster am Auto, schon kam mir der typische Landgeruch der Bauernhöfe und Landhäusern in die Nase.

Ich hatte vergessen, dass gerade **Cottage**, (Kot Tage) waren.

Ja das englische Essen, davon kann man ganz schön die **Cheese**, (**Schiss**) bekommen.

Überall auf der Wiese, sah man Bäckereiprodukte aus der Region.

 So stand ich vor einem großen **Wakefield**, (**Weck Feld**).

Plötzlich sah ich einen kleinen Andenkenladen auf der Straße, ich ging hinein und bemerkte der Laden hatte eine große Auswahl.

Ich nahm mal dies und jenes in die Hand, um es mir anzuschauen. Der Ladenbesitzer hatte mich schon im Auge und fragte:" wie wäre es denn mit der? Er zeigte auf eine Öllampe, nein die gefällt mir nicht erwiderte ich, **Dundee**, (**Dann die**)? fragte Er, hatte eine Kerze in der Hand.
Nein nichts für mich, und ich verließ den Laden wieder.

Da ich noch die Einkäufe vom Metzger dabeihatte, überlegte ich, ob ich vielleicht zum Fleisch Heute Abend die **Worcester** Sauce machen sollte.

Am Ferienhaus stand ein Holzkohlegrill, und so freute ich mich mein Fleisch aufzulegen.

Nachdem ich gegrillt hatte, gab es das nächste Problem, wer bringt mir denn jetzt die **Ashford**, (**Asche fort**).

Ich versuchte verzweifelt den Nachbarn zu wecken, plötzlich machte die Nachbarsfrau die Tür auf.
Ich fragte, ob Ihr Mann mir helfen könne.

Da antwortete Sie, Er schläft noch, das müssten wir machen bevor der **Harrogate**, (**Harro geht**).

Den letzten Tag wollte ich nochmal in unser Pub.
Am Tresen saßen immer dieselben Typen, der Wirt war sein bester Kunde.

Ich spürte einen beißenden Geruch in meiner Nase.

Ich fragte den Wirt:" **Rochester**, (Roch **Esther**) immer schon so streng?

Seine Frau bediente nämlich auch in der Kneipe. Sie streifte mich kurz und schon kam mir ein Schwall Körperausdünstung direkt bei Ihrem vorbeigehen in die Nase.

Also verließ ich wieder das Pub, dann sah ich wie Winston auf dem **Churchill**, (Church-Hill) - (Kirchen-Hügel) spazierte.

Normalerweise ist an der Stelle immer der „Platz der Führungskräfte" das **Sheffield**,
(**Chef Feld**).

Jeder lässt hier alles liegen, ich brauchte also festes Schuhwerk.

Hier war gerade ein Motivationsseminar mit einigen CEO, s.

Überall lagen Scherben von Flaschen und Gläser.

Ich brauchte also festes Schuhwerk, bevor ich durch das **Glasgow**, (Glas gehe).

Ich sollte Unterstützung bekommen.
Wie aus dem Nichts, war auf einmal ein Mann da, um mich bei der Hand zu nehmen.

Kaum hatte ich mich wieder herum gedreht war der **Hereford**, (**Herr fort**).

Nun hatte ich keine Lust mehr, wenn sich hier nichts mehr tut, dann fahre ich mit meinem Auto musikalisch in **Durham**, (**Dur# heim**).

Immer noch war ich am überlegen, **Liverpool**, (**lieber Pool**) oder Schwimmbad.

Ich dachte mir nur, von wegen englischer Wetter,
egal **Aberdeen**, **(aber denen)** zeig ich es.
So waren meine Tage in England gezählt.

Kapitel (6) Schweden, Norwegen und Finnland

Manche Reise nach Norden hat sich schon (rentiert)

Damit ich Euch nicht immer so Süd-Lastig daher komme begann ich meine nächsten Reisen eher etwas nördlicher.

So stand Finnland auf meiner Agenda.
Um mein Finnisch ein wenig aufzufrischen,
begab ich mich gleich zum Hotel.

Interessiert haben mich erstmal einfache Begriffe und Wörter/Vokabular.

Ich fragte also die Dame an der Rezeption wie auf Finnisch wohl **Sonnenuntergang** heißt.

Sie entgegnete mir **Helsinki**, (**Hell sinki**).

War doch gar nicht so schwer.

Ungeschickt wie ich war, stieß ich mit meinen Ski nebst Koffer eine große Blumenvase um.

Es war alles voller Wasser, und ich fragte:"
Könnte ich vielleicht einen **Lappen** haben?

Sie schaute mich entsetzt an, fluchte auf Finnisch und ging.
Das war ein schöner Einstand.
Ich verstand nichts mehr, und ging auf mein Zimmer.

Wäre ich nicht besser nach Schweden gereist.
ABBA, (**aber**) jetzt bin ich schonmal hier, egal.

Ich konnte mich nicht gedanklich von Schweden
lösen, **Uppsala**, war es schon passiert.

Da wo vorher der **Kristianstad**, (**Christian stand**)
war ein großes Loch in der Wand.

Man erzählt sich im Norden sind schon Vampire
an 30 Tagen gesichtet worden.

Da fragte ich mich ob ich mir nicht an der Rezeption einen Van **Helsingborg**.

Der Mann der Rezeptionistin hieß Billy.
So rief ich Ihn **Billy**, **Regale** habt Ihr doch, oder?
Daraus könnten wir doch Pfähle schnitzen. Er meinte ein **Stockholm**, (**Stock Holm**) wäre hier schon besser.

Die Haushälterin lief mir gerade über die Füße, ich fragte Billy, ob Er etwas dagegen hätte, wenn ich mir mal die **Göteborg**, (**Göte borg**).

Ich hatte solchen Durst.
Zum Glück stand hier noch eine Flasche **Karlskrona**.

Ich hatte völlig die Orientierung verloren.
Und von dem kalten Bier hatte ich Bauchschmerzen.

So ging ich lieber nach draußen, um eine Toilette zu suchen.

Draußen angekommen bemerkte ich im halben Dunkel eine etwas komische Vorrichtung.

Da war eine Theke mit Glasschiebtüren auf denen Stand:" **Ostkaka**,

Da mir schon der Schweiß auf der Stirn hing, schob ich meine Hose nach unten die Glasschiebtüren zur Seite alles war Dunkel.

Just in dem Moment lief die Dame von der Rezeption schreiend auf mich zu.
Sie erklärte mir **Ostkaka**, (heißt Käsekuchen auf Schwedisch).
Ich hätte mich also beinahe in die Kuchentheke erleichtert.

Ich sagte nur hinter den schwedischen Gardinen war die Theke nicht einzusehen.

Nach ein paar schwedischen Bulletten bin ich auch dann direkt eingeschlafen.

Ich schlafe heute Nacht bei offenem Fenster!

27.544 Mücken gefällt das
3.578 Mücken haben das kommentiert
367 Mücken haben das geteilt
4 Mücken haben eine Veranstaltung erstellt
8.976 Mücken haben zugesagt

Völlig von den Versen

Es waren 2 Freunde aus Pratteln, die aßen Oliven
am liebsten die Grünen, davor waren es Datteln.

Dem Papst sagt man vieles nach, aber dass Er nur
beten und schlafen kann ist gar ein Gerücht.
So zeigt sich, was der Vatikan (Vati kann) wir
sehen uns beim jüngsten Gericht.

Die Welt da draußen ist gar nicht so schlecht,
wären Politiker nur ehrlich oh graus, das wäre mir
teuer und absolut Recht.

Rotkäppchen hatte Stress mit dem Wolf,
statt Kuchen und Wein zur Oma zu bringen, und
fröhlich im Wald den Vögeln zu lauschen, genoss
Sie den Beischlaf mit Rolf.

**Ich habe schon einige Länder bereist.
Hier die abgefahrensten (Ein) Sätze
in Manhattan**

Am besten waren die Cocktails in der **Barbados,
(Bar Bedos)** so ging ich oft in die **Bahrein, (Bar
Rein).**
Der Barkeeper rief mir immer beim 6 Cocktail zu,
Benin Dich.

Ich hatte Hunger und so bestellt ich mir ein
Brunei.
Der Koch sah sofort, dass ich schon einiges
getrunken hatte, so fragte ich Ihn:"

Chile.? 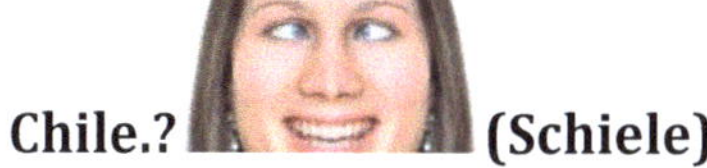 (Schiele)

Er erzählte, dass Er gestern mal wieder eine
Session bei seiner **Dominica** hatte.

Traf Er doch gestern dort auch **Sado Numpspa.**
Es kommt am Strand immer mal wieder zu
gefährlichen Angriffen, **Haiti, (Hai ti)** wären mal
wieder gesichtet worden.

Als ich mich so mit dem Barkeeper unterhalte, fragt Er mich doch tatsächlich, ob ich musikalisch sei.
Ich sagte **Japan** Flöte habe ich so mit 10 Jahren angefangen.

Ich war so betrunken, ich könnte jetzt gerade in meiner **Kamerun.**

Ich drehte mich um, aber es war **Kanada.**
Da fiel plötzlich vom Hocker der **Jack** auf **Daniel.**
Noch einer lag drunter und ich rief den **Kenia.**
(bayrisch).

Ich glaube es wäre jetzt an der Zeit, dass ich mein Café trinke, ich mag die Bohnen aus **Guyana.**

Statt Zucker nehme ich immer Süßstoff- **Eritrea.**
Ich traute meinen Augen nicht, durch die Tür **Kambodscha**, unser Frisör.

Leider laufen so viele Rindviecher hier frei rum.
Und so rief ich das ist doch keine **Kuba.**

Ich sagte noch Leute hier auf dem Tresen da **Liechtenstein**, wer ohne Sünde ist, so werfe Er denn den ersten.

Einer schaute mir fest in die Augen und rief soll ich Dir vielleicht aufs **Litauen**.

Da war schon seine Freundin die **Iris** und zog Ihn weg.

Ich hatte genug von der Gesellschaft.
Mit all den Eindrücken wollte ich wieder etwas runterkommen.

Da ich gerne zeichne, dachte ich mir wo **Mali** denn jetzt.

Ich bin öfters mal hier und **Malta**.

Fernsehen kann man in den meisten Ländern vergessen, **Nepal** haben die nicht, schlechter Empfang.

Oman, was eine Reise, immer sehr anstrengend.
In Südamerika zum Beispiel war immer so eine
nette Frau, die mich an zuhause erinnerte, alle
nannten Sie **Panama.** (Pana Ma**)**

Sie kochte wahnsinnig gut, doch beim letzten Mal
hatte ich mir leider **Salomonen** eingefangen.

Ich gab Ihr einen Tipp, setz doch schonmal den
Sudan.

Ich wollte noch einmal auf ein Konzert meiner
Lieblingsband gehen. Der Sänger kam aus
Deutschland, sie nannten sich **Singapur**.

Ich bewundere Ihn immer, denn Er **Hartmut,** (hat
Mut)
Mein Lieblingslied ist immer noch, wir sind alle
keine **Engler**, (Engel)
Bei den Temperaturen zu spielen, a Wahnsinn.

Kapitel (7) Holland/Niederlande

**(Haarlem) Globetrotters treffen (Den Bosch) zur
Akkuschrauber Europameisterschaft**.

Holland, ein wunderschönes Land.
Ich mag den Kaffee dort, aber wer lieber **Den Haag**.
(Kaffee Haag) trinken mag kommt hier auch auf seine Kosten.

Es gibt dort viele Kaffee Fetischisten, sogenannte Koffein Freier die mehrere Tassen am Tag genießen.

Die Essenskultur kann man mögen oder auch nicht.
Manche sagen bevor ich in **Hollandaise**, **(Holland Esse)** fahr ich lieber nach Italien.

Nicht so ernster Übersetzer also nimm **(Du den)**

Deutsch= Wie geht es Dir?
Niederländisch= Hoe gaat het met jou?
Jürgens Duden= Wo bitte gibt es Hack?

Deutsch= Woher kommst Du?
Niederländisch= Waar kom je vandaan?
Jürgens Duden= Wann möchtest Du Wandern?

Deutsch= Vielen Dank
Niederländisch= Hartelijk bedankt
Jürgens Duden= ordentlich getankt

Deutsch= verbessern
Niederländisch= verbeteren
Jürgens Duden= Vor Beterin /Kirche

Deutsch=   Ich möchte gerne bestellen
Niederländisch=   Ik will graag bestellen
Jürgens Duden=   Ich möchte Kraken
                     bestellen.

Deutsch=   Ich will es noch einmal tun
Niederländisch=   Ik will nog een keer!
Jürgens Duden=   Ich möchte nicht nochmal
                     kehren

Deutsch=   Auf Wiedersehen
Niederländisch=   tot ziens
Jürgens Duden=   Tod sind Sie

Deutsch=   gekocht
Niederländisch=   gekookt
Jürgens Duden=   gekokst

Da in Holland viele Speisen frittiert werden, kann man auf Anhieb natürlich nicht immer sehen, was da so in der Fritteuse landet als Gast.

Da Holland flach ist, kann man auch natürlich bei gutem Wetter kilometerweit sehen.

Ich mag die Holländer, sind immer gechillt, lieben die Natur also Gras, frisch gepressten O-Saft, und die Coffee Shops.

Und die Farben, alles in Oranje, kommt tatsächlich in jeder **Lakritze** (Lack Ritze) vor.

Auch im Fußball darf man nicht alles so ernst nehmen was da die Jahre mit den Deutschen passiert ist, aus holländischer Sicht.

Waren doch viele Spieler der Holländer auch mit Handicap aufgelaufen bei Spielen.
Da war unter anderem **Roy Makaay** (Rheuma Kai), oder **Danny Blind, Wiggert van Daalen** (Wigald Vandalen).
Aber auch Showmaster gab es jede Menge, welche in Deutschland bekannt waren.

So zum Beispiel, die sehr musikalische **Linda de Mol**, (Linda D-Moll), oder **Sylvie Meis**, (Sylvie Mais) die sich für Landwirtschaftliche Produkte aus der Region einsetzt.

Ein weiterer Künstler bei der Musik sehr abführend wirken kann ist **Andre Rieu** mit seinem Namensvetter (Diarrhoe) wahrscheinlich weder verwandt noch verschwägert.

Aber Holland ist auch ein Blumenland, Tulpen, Tulpen, Tulpen bis zum Abwinken.

Van der Vaart (Von der Fahrt) war mir richtig übel, hatte ich doch zu viel von den **Raffael-**(o) genascht.

Aus dem Radio erfuhr ich das die Frau von **Arjen Robben** Babys bekommen hat.

Ich dachte noch Er war immer sehr treffsicher.

Früher rauchte Er noch bei Bayern, seine Lieblingsmarke war van Anderen.
Spaß beiseite, ich mag Holland wirklich.

Und jetzt ein Text in eigener Sache
Saarländische Mundart

Ich werre jezemol schreiwe wie ma de schnawwel gewachs is.

Geschdern bin ich jo fascht vom glawe abgefall. Do war doch in de stadt so e uffmarsch mit bollizei und so e paar vandale.

Das wird immer schlimmer, dene könnchte grad an de Gewwel haue.

Ich hann dann e bisje Holz geschla, dobei hann ich mer e schliwwer ingefang.

Kensche grad aus de Haut fahre. Manchemol hasche enfach nur ke glick. Un dann kommt noch Pech dezu!

Do passiere die doofschte sache.

Sonch blei wich immer irchendwo hänge. Jez das do noch.

Uff de arwet hasches a nur mit Hawebraddeler ze dun.

Kenscht grad manchemol furtlaafe.

Awwer gut so isses halt, bis sellemols.

Eier Jürchen.

Übersetzung Text ins Deutsch

Ich werde jetzt mal schreiben, wie mir der Schnabel gewachsen ist.

Gestern bin ich fast von Glauben abgefallen. Da war in der Stadt so ein Aufmarsch, mit Polizei und so ein paar Vandalen.

Das wird immer schlimmer, denen könnte man gerade an den Kopf schlagen.

Ich habe dann ein wenig Holz geschlagen, dabei habe ich mir einen Holzsplitter eingefangen.

Man könnte gerade aus der haut fahren. Manchmal hat man kein Glück. Und dann kommt auch noch Pech dazu.

Da passieren die dümmsten Sachen.

Sonst bleibe ich immer irgendwo hängen. Jetzt das auch noch.

Auf der Arbeit hast Du es nur mit Dummschwätzer zu tun.

Du könntest gerade manchmal weglaufen.

Aber gut, so ist es halt, bis demnächst

Euer Jürgen

DUDEN,
Deutsch / Saarländisch
Kleiner Auszug

Durst =	Dorscht
Wurst=	Worscht
Kopf=	Gewwel
Guten Tag, =	Ei jo
Gute Nacht, =	Gunn naacht
Wie geht's=	Unn
Guten Appetit=	E gudde oder Ei jo dann
Wo kommst Du her=	wo warscht dann du
Erzähl mal=	Saar mo
Ja=	Gutsche
Nein=	Ser lewe net

Kapitel (8) Deutschland

Lewwerworscht trifft Hausmacher beim Schwenker

Wieder zuhause von den ganzen reisen im Ausland brauchte ich mal etwas Ruhe.

Da hat doch meine Frau den Fernseher in meiner Abwesenheit umgestellt.

Als ich auf der Coach saß, habe ich es gemerkt.
Ich rief Ihr zu, **Dresden,** (Drehst Du Ihn) bitte nochmal zu mir.
Kaum kommt der **Mannheim,** (Mann Heim), geht es gerade wieder so weiter, wie es aufgehört hat.
Sie war wieder zu lange auf dem Solarium und wahrscheinlich dort eingeschlafen.

Als Sie wieder zu kritisieren anfing sagte ich nur:" **Braunschweig,** (Braun Schweig).

Schon nahm Sie mir meine Flasche Bier vom Tisch, ich rief das ist **Mainz**, (Meines).

Ich hatte von der Fahrt noch ein paar Sachen im Auto, ich ging nach draußen, um den Unrat zu entfernen, direkt kam meine Frau um die Ecke und schrie, Sie jetzt bringst Du mir auch noch den **Müllheim,** (Müll Heim).

Es fuhr mir sofort in den **Darmstadt,** (Darm statt) den Magen.

Ich konnte bei Ihr Heute keinen Blumentopf mehr **Erlangen.**

Ich wusste genau, wenn **Jena**, (jener Tag) kommt dann werde ich Ihr es sagen.

Plötzlich klopfte es an unserer Haustür, es war **Hanau,**

(Ha Nao) unser thailändischer Nachbar.

Er fragte:" **Hamm,** (Haben Sie) noch ein paar Eier? Er hätte noch zu einem unserer anderen Nachbarn Karl im Haus gehen können, und klopfen, aber **Karlsruhe,** (Karls Ruhe) war Ihm wichtig, Er hat immer Nachtschicht.

Hanau, (Ha Nao) ist Hausmeister im Hotel, Zum Schwan.

Er hat oft in den Zimmern der Kellner zu tun.

Sie schlafen immer dort, wenn es später wird. Er erzählt immer von dem Ort wo die **Oberhausen,** (Ober hausen) wäre es immer sehr dreckig, und dauernd wäre etwas kaputt.

Was Ihn aber am meisten aufregt wäre die Fahrt dorthin.

Es geht halt viel über Land, und ständig hätte Er einen Scheiß Bus vor sich.

Warum überholst Du denn den Cottbus, (Kot Bus) nicht.?

Na egal, auf jeden Fall muss ich Heute Abend noch zur Kirche.

Er erzählte das der ranghöchste Kirchendiener nicht mehr gut hört.

Dabei weiß Er doch das ich immer gegen 19.00 Uhr bei Ihm klopfe.

Jedes Mal ruft der **Bischofswerda,)** Bischof wer da).

Das nervt einfach.

Durch das ganze klopfen habe ich immer einen **Plauen**, (Blauen) Finger.

Der Bischof verwendet bei seiner Messe seit der Sparmaßnahme des Vatikans nur noch **Weißwasser.**

Wir verabschiedeten uns.

Ich wollte jetzt nur noch schnell in den Supermarkt.

Ich brauchte noch etwas **Hischhorn,** (Hirschhorn) Salz.

Alles dort war **Hoechst,** (höchst) seltsam.

Von der Decke kam ein ganzer Schwall Musik auf die Ohren, wahrlich ein **Liederbach,** (Lieder Bach).

Von dem ganzen Einkaufen bekomme ich immer **Marktflecken,**

(Markt Flecken).

Aber ich will ja aus einer **Mücke,** (Mücke) kein Elefant machen.

Meine Frau hat mir erzählt, dass Sie mal wieder gerne im Allgäu Urlaub machen würde.

Sie kam nicht mehr auf den Ort, aber erklärte mir es dann so,

weißt Du da werden Männer abgetrieben, ach Du meinst **Herrenalb** sagte ich. Ja genau

So jetzt war ich lange genug im Markt, zum Einkaufen.

Jetzt noch schnell bezahlen und dann fahr ich schnell das **Krautheim,** (Kraut heim).

Wieder zuhause fing meine Frau sofort wieder an.

Sag mal hast Du **Karlsbad** (Karls Bad) schon gesehen.

Sie erinnern sich das war der andere Nachbar.

Er hatte Neu gefliest, ich sagte Nein war doch im Urlaub.

Ich sah die Arbeitsplatte in der Küche und bemerkte, die Kante müsste ich auch wieder **Leimen.**

Meine Frau packte die Einkäufe aus und rief warum bringst Du mir den **Lauchheim,** (Lauch Heim).

Wir haben doch noch im Garten.

Ich war richtig ab genervt.

Ich würde am liebsten jetzt ein wenig **Lauffen am Neckar.**

Ich hatte das falsche gegessen, und dort wo meine Flatulenten zuhause sind, also in **Pforzheim** quasi verspürte ich den Wunsch einfach nur loszulassen.

Ich sagte Ihr ich wollte nochmal kurz nach **Ravensburg** fahren ein neues Puzzle kaufen.

Dort in der Nähe von **Sankt. Blasien** kommt auch das Oral-Apostel her.

Das würde ja bedeuten, dass ich **Überlingen,** (Über Lingen) fahren muss.
Die Straßen sind nicht so gut in der Region, da musst Du aufpassen, dass Du nicht ein **Wiesloch** fährst.

Ich bin gerne im Schwarzwald, aber auch in der Schweiz.

Weil am Rhein ist es am schönsten.

Ich spüre es in jeder **Celle,** (Zelle) meines Körpers.
Ich war gerade etwas **Leer,** in meinem Kopf.
In der Schule haben Sie mich immer gemobbt.
Die Lehrer sagten immer der Jürgen, macht immer die **Andernach,** (Anderen nach).

Ich bin schon viel durch Deutschland mit dem Auto gefahren, aber um **Schifferstadt,** verspüre ich immer so einen Harndrang.

In der Nähe ist auch **Oppenheim,** dort wurde der Blockbuster gerade fertig gedreht fürs Kino.

Dort spielte vor vielen Jahren auch die Gruppe **Ramstein.**

Die Bauern düngen hier noch kräftig mit Ihrem **Landstuhl.**

Man sagt die Engländer hätten für die Region nur einen kurzen Ausdruck oder Wort für die Bevölkerung, nämlich **Mendig**, (Man Dick). Ich finde das nicht fair.

Vor allem die **Montabaur,** (Monta Bauer) können dafür gar nichts.

Gerade in der Diskussion um Rassismus, und Gendern traue ich es fast gar nicht zu erwähnen, dass es immer noch Städte, und Gemeinden gibt, welche sich noch nicht umbenannt haben.

Gibt es wohl immer noch eine Menschensiedlung, die sich **Waldmohr** nennt.

Da man nicht mehr Ne…Kuss, oder Moh…Kopf sagen darf, geschweige denn schreiben schon etwas zum Nachdenken.

Gewohnheiten neu aufgerollt
Typische Rudelbildung beim Grillen.

Das Bild kennen viele, im Saarland ist das Kult.
Schwenker, und Schwenkbrode.
Das Problem, was jeder kennt, wenn man mehrere
Männer zum Schwenken einlädt.
Bevor das Fleisch auf den Schwenker kommt, gibt
es natürlich die
wertvollen Tipps. Das fängt schon mit dem Holz
an, dann über das Stapeln des Holzes, wann und
mit was man das Feuer entzündet, bis wann man
das Fleisch auflegen sollte, und wie lange vor
allem.
Zum Schluss stehen 5-6 im Schnitt Männer um den
Schwenker und jeder lässt natürlich seine
Weisheiten ab, zum Wohle des Gastgebers.
Daher ich könnte auch allein Grillen, Hauptsache
der Zusammenhalt stimmt.

Typische Irritationen im Alltag
Und Ihre Bedeutung nicht ganz ernst gemeint

Übergangsmantel=?

Oder

Übergang

+

Aus dem Nähkästchen plaudern?

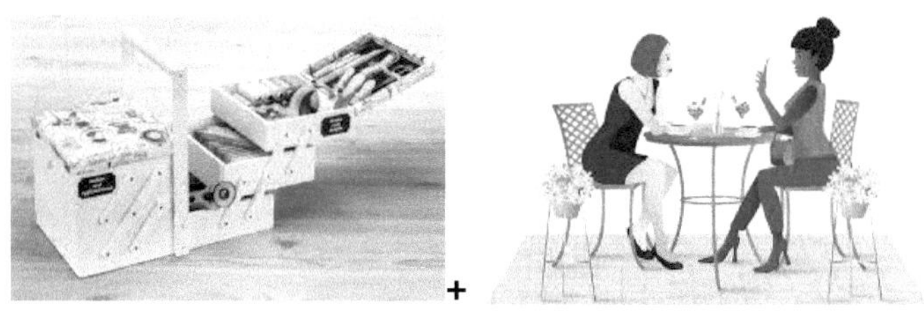

Ein Auge auf etwas werfen

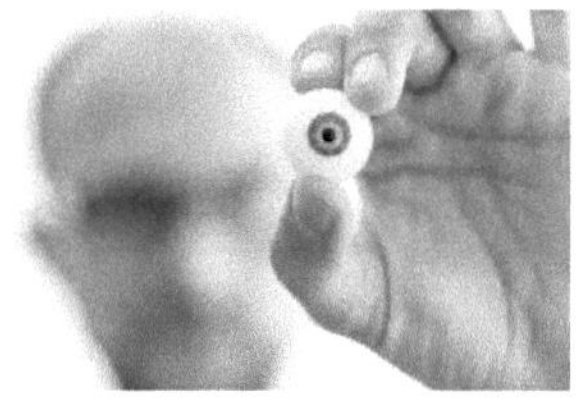

Alter Schwede

Die Katze lässt das Mausen nicht, oder so....

Die Geschichten aus der Küche
Und anderes Begriff -liches daraus

.

Neulich war ich mal wieder bei meinem Schwager dem **Bain Marie** im Restaurant.

Er kocht dort selbst, und immer, wenn ich komme, schneidet Er sich in den Finger.

Ich kam gerade noch zum **Abbinden,** seines Fingers so hatte Er sich da reingeschnitten.

Damit sich da keine Bakterien bilden müssten wir die Wunde schon **Abflämmen,** oder?

Bevor wir die Wunde schließen, müsste ich aber schon nochmal **Abschmecken** erwähnte ich.

Als wir das taten, fragte Er noch, sollen wir die Wunde **Abschrecken.**

Er hatte solche Schmerzen, ich dachte Er wollte mich **Abstechen.**

Ich hatte noch so viel Arbeit Heute, wollte noch die Tischplatte **Beizen,** und den Lachs.
Als ich am Montag im Casino war, dachte ich auch die wollen mich **Ausnehmen.**

Wenn ich noch mehr Geld verloren hätte, wäre ich
kurz davor gewesen Dich anzurufen,
Du hättest mich sonst abends noch **Auslösen**
müssen vor Ort.
Letzten Monat kam so ein komischer Gast ins
Lokal.
Er hatte einen Zettel dabei und schrieb die ganze
Zeit irgendwas auf.

Ich hatte das Gefühl Er war vom Fach, wollte Er
mich vielleicht **Deglacieren?**
Hätte ich sonst irgendwelche komischen Dinge
gemerkt, wäre ich bereit gewesen Ihm das Gesicht
zu **Demoulieren**.

Von dem ganzen **Filetieren,** (Vielen Tieren)
verliere ich langsam den Überblick.
Julienne, meine Küchenhilfe sagte mir noch, dass
vor dem Restaurant immer so ein süßlicher
Geruch und Rauch wäre, wenn Sie zur Schicht
kommt.
Ich sagte nur:" das sind wieder die ganzen
Haschieren, (Hasch Iren).

Die lassen sich bei der nächsten Gemeindewahl
bestimmt wieder aufstellen.

Die **Kandieren** doch für jede Partei.
Die **Julienne** hatte eine Tochter, ich habe früher
immer beim **Wickeln** zugeschaut.
74

Jetzt ist Sie eine junge Dame und sehr sportlich
von den ganzen **Tournieren.**

Als Sie noch klein war, sperrte Ihre Mutter Sie
immer ins Zimmer ein.
Da konnte Sie noch ein wenig **Schmoren.**

Der **Bain Marie** sagt nie das Er sich rasiert morgens.
Bei Ihm heißt das **Entbarten.**

Eigentlich kommt Er aus dem Raum **Simmern.**
So Simmert Er oft vor sich hin.
Er fragte kannst Du bitte mal kurz in der Küche aufpassen,
ich müsste noch schnell in die Parfümerie, meine **Creme Chantilly** fürs Gesicht ist alle.

Dort kennt Er eine Verkäuferin die **TeryYaki,** (Terry Yaki).

Der **Bain Marie** hatte auch einen Vogel, der sprechen kann,

der **Arabbiata,** (ARA Biatta) war ein ganz lieber, und plapperte alles nach.
Ihm gefiel es immer bei der Arbeit Musik zu hören.
So entdeckte ich eine CD, Sie lag auf dem Küchentisch.

Es waren isotonische Gruppengesänge seiner Lieblingsband.
der **Chorizo,** (Chor Izo).
Als Er wieder zurückkam, habe ich mich verabschiedet, und Ihm noch einen schönen Tag gewünscht.

**Anna/ Mese und Dr. med. Wurst
bitten zum Op-Tisch**

Auf dem Weg zum Auto traf ich einen alten Kollegen von der Arbeit.
Er sagte, dass Er nicht mehr arbeiten könne.
Er hilft oft seiner Schwester in dem Blumenladen.
Sie züchtet auch selbst, so eine **Arthrose,** (Art Rose).

Sie hat in Ihrem Garten so eine/n **Drainage,** (Train Age) also einen alten Zug stehen.

Sie hatte von der Allgemeinen Ortskrankenkasse zur **EKG** gewechselt. Dort wären die Beiträge nicht so sprunghaft.

Letztes Jahr wäre die **EKG** mit der **HNO, Infusion**, (in Fusion) gegangen.

Der Mann von seiner Schwester, also der Schwager wäre Arzt, und gerade am Schreiben seiner **Sonographie,** Er war schon älter ging anscheinend mal in sich, hat bestimmt viel erlebt.

Episode 1 (Für Star Wars Kenner)
Der Imperativ schlägt zurück

Wir schreiben das Jahr 2350.
Nachdem **Harn Solo** (Han Solo), seine **Luke**, (Luke) am **schnellen Rotkehlchen**, (Millennium Falke) geschlossen hatte, schaute Er durch sein Bulls Eye, **Dart Vader,** (Darth Vader) schoss pfeilschnell an Ihm vorbei.
Das bedeutete der Mars macht mobil.

Er befand sich noch mit seinem Raumschiff auf **Tätowieren**, (Tatooine).
Lukes Onkel hatte dort eine Farm.
Er war ein netter Kerl, denn Ben Kenobi hatte Ihm Luke vor vielen Monden aus seinem **OBI-Wahn** (Obi Wan) Baumarkt heraus mitgebracht.
Seine Aufgabe war es Ihn vor den imperativen Sturmtruppen zu schützen.

Keiner wusste aber dass Luke noch eine Schwester hatte.
Also immer die gleiche **Leier,** (Leia) wie in jeder Familie.

Harn Solo, war gerade dabei seinen Kurs einzugeben als plötzlich die Sternsinger vor seiner Luke standen.

Sie wollten Ihm das neue Galaxy S499 verkaufen.

Er hatte aber schon die neue CPU, und so konnte Er sich seine restlichen Sterntaler sparen.

Wollte Er doch pünktlich zum Treffen mit dem **Syphilis Lord** (Sith Lord) Sternzeit- **c3 Po** erscheinen.

Sie trafen sich dort immer ab und an, waren als Jury eingeladen.

In der Sendung geht es darum anhand der Farbe des Lichtschwertes zu erkennen, welches Sternzeichen der Künstler hat.

Die Sendung hatte den Namen **Star geht,** (STARGATE).

Also einer muss immer gehen.

Als Preis gab es einen Beamer, und Power Points als Währung.

So benutzte Er da schon knapp in der Zeit seinen Hyper, Hyper, ENTSCHULDIGUNG (Autor niest), Hyperantrieb.

Den hatte Er noch als er auf den Chlamydien stationiert war, seinem Freund Scooter abgekauft.

In der Jury saßen auch noch **Boba Fett**, (Adipöser Alien), und ein **Showbäcker,** (Chewbakka), und der **Kanzler Palatschinken**, oder (Palpatine) so ähnlich.

Da es dort öfters mal zu Auseinandersetzungen kam wegen der Abstimmung, setzte man auch vor Ort Soldaten ein.

Dort gab es einen tüchtigen Soldaten Namens, **Kayla Ren**, man kann sagen was man will **ABBA** Er war wirklich ein Super **Trooper.**

Scooter hatte mich immer gewarnt, das wäre nicht der richtige Hyperraum für solche Veranstaltungen.

Hinter der Bühne gab es immer, wenn die Veranstaltung zu Ende war, die große **After Show Party** der **Proktologen.**

Sie kamen immer in Gruppen vom Todesstern, ein kleines **Ar/s/chipel** in der Galaxy.

Wieder auf dem schnellen Rotkehlchen, **(Millennium Falke)** angekommen, verspürte Harn Solo, nein nicht seine volle Blase zu entleeren, sondern wieder Raumschiffe versenken zu spielen.

Sein Spielkumpel war immer der 1. Offizier **Mace WinDu,** (Gewinn Du).
Er hatte den Spitz-Namen, weil Er schon am Anfang des Spiels die Botschaft im Namen trug.
Es war immer das gleiche, kaum hatte das Spiel begonnen, sagte Harn Solo die ersten Schüsse /Treffer an, **R2, D2** versenkt, erwiderte **Mace WinDu.**
Normalerweise überbrückt Harn immer die Zeit beim Überlicht/Hyper Sprung mit Lotto.
In der Lotterie der **Sternen-Kreuzer,** konnte man eine Reise zu Mickeys besten Freund Pluto gewinnen.
Die Strecke ging von der Milchstraße, mit 1,5% **Boba Fett,**
über den Saturn Ring, zur Merkur Spielothek.

In der Küche unseres Raumschiffs, hatte Nancy Ihren **Faser** immer in Feuerbereitschaft.

Im Cockpit machten wir immer etwas dunkler damit wir das Licht bei der Geschwindigkeit besser messen konnten.

Harn, fühlte sich manchmal so Antriebslos wie sein Schiff.

Er hatte immer eine Flasche stilles **Water/loo** neben dem Joystick stehen.

Harn drang plötzlich in neue unbekannte Sphären ein.

Sollte das seine Bestimmung sein, die Rettung von **Leier** (Leia)der Prinzessin.

Luke war gerade dabei seinen Moon Äh, Skywalk zu üben.

Er zog seine Moonboots wieder aus, und versuchte sich am Rätselhaften Sudoku.

Die Jedi haben normalerweise immer die Sonderausgabe von Count Doku, aus dem Venus Verlag als Stammlektüre.

Jeden Montag kann man von Tatooine aus bei klarer Sicht die Star Parade betrachten. Unser Weltraum ist so schön und Spacy, stimmts Kevin?

Ob es da draußen im All einen Gott gibt.
Man fragt sich das schon seit Beginn der Menschheit.

Man spricht vom All/mächtigen, könnte also sein.
Harn Solo hörte als Kind immer von seiner Mutter Solo Part, **(Padme)**
der Imperativ wäre das Zeichen der Macht.

Denn immer, wenn Er etwas angestellt hatte, erwähnte seine Mutter mit eindringlichen Worten:"
Macht nicht so viel Lärm
Macht nichts
Macht sauber
Macht langsam

Also Macht hatte immer so seinen bitteren Nachgeschmack.
Der Imperativ als Machtmissbrauch.
Man hätte es sich schon denken können.
Wenn das der Imperativ gewusst hätte, Er wäre mit einem Satz wortlos aus seinem Stuhl gesprungen.

Die Boomer Generation wurde im Jahr 2100 durch die Beamer Generation ersetzt.

Damals war die ESA noch die Krankenkasse für das fliegende Personal.

Aber durch die Cockpit Vereinigung Dativ wurde damals alles zusammengelegt.

So kam es dann logischerweise irgendwann zur Satzbildung.

Die Rebellen versuchten dies zu verhindern, und waren Vokal organisiert.

Es ging also wie immer nur um das Subjekt.

Bevor dann alle wieder in ein schwarzes Loch gefallen wären,

war es das Beste hier mit Warp, und Tat zu helfen.

Das Ganze war nur auf dem Mist von Lucas Idee entstanden.

Jim Knopf half Ihm immer beim Schreiben des Lockbuchs.

Der Lockführer/ Äh/ Imperativ war in jungen Jahren verstorben.

Sollte dies der Beginn einer neuen Ära sein.

OBI Wan war an der Entwicklung eines neuen Taschenrechners
mit beteiligt. Das Modell war von **Kassio**/peia.
Die Fliegerei war eben nicht so erträglich wie man dachte.
Jeder hatte einen Nebenjob.
Die Jedi versuchten es mit Astrologie, schrieben für den Todesstern jeden Tag persönliche Horoskope.
Mental waren die Jungs Ihren Gedanken weit voraus.
Count Doku war als Wahrsager immer oft gebucht.
Hatte Er doch immer unter seinem Umhang ein Galaxy Satellitentelefon versteckt.
Er wollte halt immer jemand anrufen, wenn Er nicht die Antwort wusste.
Immer mal wieder hatte Er sein Lichtschwert verlegt.
Seine **Laser** waren Ihm treu ergeben.
Er war sehr religiös, stammte Er doch von **Paderwan,** (Pater Wan).

Luke wollte seinen Onkel Owen wiedersehen.
Also begab Er sich wieder auf die Reise.

Kaum in **Coruscant** angekommen, begrüßte Ihn **Verena.**
Sie richtet immer **Pot/h/rennen** aus.
Normal treffen sich immer alle Jedi erstmal beim **Qui Gon** um dann eine Flasche **Jinn,** (Gin) zu trinken.
Padme war auch aus den USA eingeflogen, um als **Ami/dala** dort unterzutauchen.
So traf sich die **Rebellen ALLIANZ** in der örtlichen Arena.
Auch der Imperativ wusste von dem Treffen der Rebellenallianz.
Er nahm seinen Kreutzer vom Rätselheft weg suchte seinen Schlüssel, er hatte Ihn verlegt. Er rief seinen Trooper und fragte nur knapp:" **Wookiee,** (Wo Key)?
Der Trooper war gar nicht so super drauf. Diese Beleidigungen.
Immer ging Ihm einer durch die Rüstung.
Sollte dies das Ende des Imperativs sein.

Luke hatte Hunger, und ließ sich erstmal nach dem ganzen Gin, (Jinn) von einem **Droiden**, einen schönen Kabelsalat machen.

Der hatte ein gutes Rezept von einem Druiden, in der Nähe von RAM.

Die verwenden dort immer Altöl abgebaut aus dem Substantiv.

Mit den ungesättigten Fettsäuren, c3 PO, und R2, D2.

So bewusst gegessen, rebelliert auch der Magen danach nicht.

Doch Luke bekam unerwarteten Besuch.

Der Imperativ stand plötzlich vor der Tür.

Er röchelte und atmete schwer, ich bin Dein Vater, seine Mutter **Asthma, (**Ast Ma) hatte Ihn als Junge zu lange Inhalieren lassen.

Ich kann Dich sehr schlecht verstehen, hast Du gerade gesagt ich habe einen Kater?

Immer diese Saufereien.

Dieser Al/l/kohol.

Der Imperativ kannte normal nur Hochprozentiges von seinen Wahl Ergebnissen.

Er gab Luke noch einen letzten Tipp, möge der Saft mit Dir sein.

ENDE der EPISODE 1

Impressum

1.Auflage
Originalausgabe Juni 2024
Copyright /2024 by Jürgen Gachot/Dart Vader
Copyright/ dieser Ausgabe 2024

© 2024 Jürgen Gachot/DartVader
Herstellung und Verlag: BoD - Books on Demand,
Norderstedt.
ISBN: 9783759736932